Precisa de Discursar? Obrigado a Apresentar? Quer Falar?

# 60 MINUTOS

# PARA FALAR

# MELHOR

# EM PÚBLICO

## KEVIN ABDULRAHMAN

"COACH DAS ESTRELAS PARA DISCURSOS EM PÚBLICO"

KEVIN ABDULRAHMAN

ISBN: 978-1516823307

A maioria das pessoas não reclama Resultados Rápidos.

# Eu Consigo.

## SOBRE O AUTOR

*Coach* de Falar em Público das estrelas.

A longa lista de clientes de Kevin Abdulrahman incluem Atores, Sócios, Embaixadores, Membros da Administração, CEOs, Delegados, Executivos, Empreendedores, Administradores, Líderes de Pensamento, Parceiros, Presidentes e Realeza.

# INTRODUÇÃO

O melhor investimento que pode fazer é em si mesmo.

Sendo um orador internacional e embaixador, eu posso dizer que a importância de falar com impacto é inegável.

Já conheço o Kevin há alguns anos. Ele é reconhecido pela sua capacidade de moldar *líderes mundiais* com as suas capacidades de comunicação e falar em público.

A sua força interior e habilidade advém da sua capacidade de se conectar e transferir aquilo que sabe para os outros.

Adorei ler este livro, pois o Kevin sempre foi bom em fazer com que os seus ensinamentos de falar em público fossem incisivos e divertidos. Num dos seus capítulos, ele fala sobre '*pintar um quadro*', e a partir de experiência pessoal, posso dizer que só esta ideia criou uma enorme diferença para os discursos que ofereço às minhas assistências de todo o mundo.

Os maiores indivíduos, profissionais e líderes são muitas vezes relembrados devido à sua capacidade de falar com impacto.

Passados estão os dias em que me iria esconder por detrás da secretária.

Se quer ser levado a sério, obter financiamento para um projeto, persuadir os outros membros da sua equipa, liderar com influência e falar para ser ouvido, precisa de polir as suas capacidades de oratória pública.

Na actualidade, irá encontrar-se numa posição de ser esperado que fale, ou obrigado a falar. Como o Kevin menciona, *não pode escapar à oratória pública.*

O Kevin pegou num assunto sério (e temido), e conseguiu criar um guia fácil de ler (e implementar). Qualquer pessoa pode ser melhor a transmitir as suas ideias e sentir-se melhor - com apenas 60 minutos.

Tal é o controlo do Kevin sobre este assunto de oratória pública, que ele foi capaz de transformar este assunto significativo em algo simples.

Isto, por si só, diz tudo.

Quando ler este livro, vai entender aquilo que quero dizer.

Se está em necessidade de encontrar um guia rápido para falar melhor e está pressionado pelo tempo, este livro é para si.

60 minutos é tudo o que precisa para ser melhor no domínio dos discursos públicos.

Marque as minhas palavras. Isto será um dos melhores investimentos que poderá fazer na sua vida.

Sua Excelência, o Xeque Mohammed Bin Abdullah Al Thani,
"O Primeiro Representante do Qatar a
Subir ao Cume do Evereste"

# DEDICATÓRIA

Apenas você me pode trazer o verdadeiro valor da palavra escrita.

Aprenda, aplique, e continue sempre a moldar a sua capacidade para falar.

Você faz parte deste livro tanto quanto este livro fará parte de si.

# AGRADECIMENTOS

Este livro foi fruto de muito amor. Gotas criadas a partir das dezenas de milhares de horas a trabalhar com algumas das figuras mais poderosas, líderes de pensamento e mentes inspiradas do mundo.

Falar em vocês todos iria requerer um livro por si. Eu estarei para sempre em dívida e grato pelo tempo que passámos, e continuamos sempre a passar juntos.

Vocês são a inspiração e a soma total do que o livro oferece atualmente.

Para este conceito funcionar, tive que passar por um processo de eliminação moroso.

Muito teve de ir para permitir que as técnicas mais aplicáveis ficassem.

# O QUE É FALAR EM PÚBLICO?

Se pretende comunicar uma mensagem específica para um grupo e pretende chegar a um desfecho desejado, está a falar em público, ou seja, no domínio da oratória pública.

Independentemente de querer influenciar os membros da administração, liderar uma reunião com a sua equipa, falar com a sua associação, representar a sua empresa como seu embaixador, discursar um sermão, ou apresentar o seu projeto, precisa de ir para o palco e discursar.

Neste mundo competitivo, os indivíduos ativos e de sucesso sabem que a sua capacidade falar é *crítica*.

Alguns compreendem isto mais cedo. Outros, mais tarde.

Toda a gente chega à mesma conclusão - não há forma de contornar o acto de Falar em Público.

Falar em público é fundamental para todos os indivíduos, profissionais e líderes - ma verdade, seja quem você for.

Existe uma procura cada vez maior em cada indivíduo e a cada nível para comunicar com eficácia.

Já fiz muitas coisas.

Já testemunhei demasiados indivíduos a orarem publicamente de forma pobre. Alguns cancelam a sua oportunidade falar e ter sucesso, enquanto outros reservam férias nas datas exatas em que são necessários, tudo de forma a evitar ter que falar dois minutos.

Talvez tenha ignorado o falar em público como algo com o qual poderia viver bem sem a sua presença. Ou talvez, como muitos hoje em dia, está tão focado com o seu trabalho que até agora, esta capacidade tem sido ignorada.

Não está isolado.

A maioria das pessoas sentem-se desconfortáveis com a ideia de falar em público.

*Eles acreditam que podem ser melhores.*

Os desafios de falar em público não são algo que se possa atravessar com cuidado, e esperar que corra tudo bem e que tudo passe. Isso não irá acontecer.

Por isso, é melhor se lidarmos com isto na forma mais simples e no estilo mais eficaz para lidar com qualquer desafio que enfrentemos, e conquistemos - perseverar.

## "A única forma de resolver um problema é atravessá-lo."

Anónimo

# QUAL É A SUA REALIDADE?

i)    Nunca pensou sobre falar em público.

ii)   Tem estado ocupado e nunca se debruçou sobre o assunto.

iii)  Comprou muitos livros mas nunca os leu.

iv)   Está numa posição em que as pessoas esperam que discurse.

v)    Tem uma obrigação de discursar. Não pode fugir desta situação.

vi)   Quer ser um excelente orador em público.

Hoje, os nossos contratos de consultoria com empresas privadas e organizações públicas são, na sua grande maioria, vocacionada para um treino de comunicação a todos os níveis.

As equipas de topo vão querer que *todo* o seu pessoal, desde representantes de vendas aos gestores de nível médio até aos executivos de nível C, membros da administração e Presidentes, Discursem com *impacto*.

Porquê? Porque,

A sua capacidade de apresentar com poder e falar com impacto irá reflectir sobre como a sua audiência irá *percepcionar* a sua figura, o seu valor, os seus produtos, os seus serviços, a sua empresa, a sua marca, e no final, a sua credibilidade e competência.

Mas você já SABE isto!

# NUMA ESCALA DE 1 ATÉ 10

## COMO SE SENTE SOBRE
## AS SUAS CAPACIDADES DE FALAR EM PÚBLICO?

1   2   3   4   5   6   7   8   9   10

Não muito confiante                                    Total
Confiança

(Se 10, não deveria
estar a ler este livro)

"Todos os excelentes oradores foram
maus de início."

Ralph Waldo Emerson

# PREFÁCIO

Escrevi este livro sem preocupações de editoras, distribuidores e revendedores.

É apenas para si, a pessoa que quer ficar melhor a falar em público.

Como a comediante Tina Fey escreveu daquilo que aprendeu da sua patroa do 'Saturday Night Live', Lorne Michaels, "O espectáculo não continua porque está preparado; continua porque são *onze e meia*."

Está a procura de algo exaustivo mas conciso.

Pegou neste livro por uma razão específica.

*60 minutos é tudo o que tem.*

Está num modo 'velocidade furiosa', tendo deixado a sua apresentação/diálogo/discurso público para a última hora.

Precisa de criar impacto.

Quer pensamentos e técnicas poderosos que se possam colocar em prática imediatamente.

Eu trabalhei no duro para me certificar de que todas as palavras incluídas (e as dezenas de milhares descartadas) iriam genuinamente ajudá-lo na sua forma de discursar em público de forma imediata.

Eu juntei este livro para si e para o usar como referência (sobreviver e prosperar) de cada vez que precisa de ir para o palco.

Eu quero que *desfrute* de falar em público como eu ensinei a milhares de outros nos meus seminários à volta do mundo - de uma forma relaxada e desarmada.

Os pensamentos e técnicas são simples de se implementar, mas ainda assim, significativos na diferença que irá trazer aos seus resultados.

Se sente que se está a aproximar das onze e meia, descanse, *estou aqui*!

*60 minutos para falar melhor em público irá ajudar para que seja um melhor orador em público.*

É essa a minha promessa.

Estas técnicas funcionaram com Presidentes.

Irão funcionar para si também.

Os seus 60 minutos começam AGORA!

# 1. OUÇA A SUA MÃE

Pode sentir-se desconfortável com o pensamento de ter de discursar.

Ansioso, stressado, tenso, de pescoço dorido, com a garganta rouca, boca seca, talvez mesmo a considerar meter baixa por doença (já o vi acontecer demasiadas vezes) por causa de um compromisso de falar em público em breve.

A minha Mãe sempre me disse em criança,

*"Kevin, pára. Toma dez inspirações profundas e lentas. 10, 9 , 8, 7, 6, 5, 4, 3, 2, 1. Certo, agora vai conquistar o mundo".*

Eu sei o que está a pensar.

Eu pensei no mesmo.

*O que tem a respiração a ver com livrar-me dos nervos e ansiedade da apresentação?*

Sem entrar em grande ciência, quando pára a toma dez respirações profundas e longas, preenche os seus pulmões e cérebro com mais oxigénio.

Também irá sentir que tudo irá abrandar (como vê nos filmes) e irá começar a sentir-se relaxado.

Certifique-se que respira mesmo inteiramente, enchendo o seu diafragma (área logo abaixo da sua caixa torácica). Uma boa respiração profunda deve fazer com que o seu estômago saia como se tivesse engolido um jantar de uma semana de uma vez só.

A minha Mãe é agora a sua Mãe, o que significa que temos de ouvir o que ela diz.

Faça dez respirações profundas.

Vai levar menos do que 2 minutos.

Dois minutos que farão toda a diferença.

"Céu acima, Terra abaixo, Fogo dentro."

SKYRIM

## 2. O SEGREDO ESTÁ AQUI

Ajudei dezenas de milhares de clientes de todos os níveis de vida ao partilhar com eles o segredo.

Quer saber qual é?

Aproxime-se, para que lhe possa dizer o que lhes digo.

Divirta-se.

Está a dizer, "Kevin, sou um intelectual. Eu tenho de falar sobre algo que está na categoria do aborrecido mas importante".

Ainda direi o mesmo - Divirta-se.

A maioria das pessoas, incluindo você mesmo, esqueceu esta capacidade inata que os humanos têm de se divertir.

Você está no seu melhor quando se está a divertir, e francamente, não quero saber o quão sério agora é. Você sabe como se divertir. Pelo menos, nalgum ponto da sua vida, sabia.

Diga-me, quando foi a última vez que participou num discurso, treino, conferência de mídia, evento de negociação ou conferência com a intenção voluntária de ficar aborrecido até mais não?

Nunca aconteceu.

Acredite em mim quando digo que a sua assistência (independentemente do caso, talvez), não é assim tão diferente de você ou de mim.

Eles não querem ser embalados e conduzidos a um coma.

Eles iriam *adorar* desfrutar e sentir-se entusiasmados ao ouvir o que tem para dizer (até mesmo sobre um tópico importante).

Ter diversão é uma atitude.

Quando escolhe esta atitude, irá aprender mais, lutar para refinar os seus pensamentos, elevar o melhor do seu trabalho, polir a suas capacidades de apresentação em público ainda mais e firmemente tomar todas as oportunidades que tem para apresentar.

Quando se está a divertir, a sua assistência estará muito mais receptiva aos seus pensamentos, ideias e sugestões.

Quando se está a divertir, a sua audiência irá vê-lo como carismático, confortável, confiante e imperativo.

Não quereria tudo isso?

Claro que sim.

## 3.  NÃO É ASSIM TÃO MAU

Aqui tem outra pergunta que faço aos meus clientes.

O que seria a pior coisa que poderia acontecer depois do seu discurso público?

Quero que escreva.

Na maioria dos casos, toda a gente está viva para lutar noutro dia.

*Se não, ler este livro e esperar respostas é uma solução irrealista para aquilo que precisa.*

Se não ameaça a sua vida, relaxe.

"Mesmo que caias de cara,

ainda estás a ir em frente."

Robert Gallagher

## 4. SÓ UM PENSAMENTO

Pode estar preocupado com aquilo que a sua assistência estará a pensar, quando se levanta para ir transmitir a sua mensagem.

Deixe-me dizer o que eles não vão pensar.

*"Hahaha olhem para ela. Ela está tão nervosa. Otária."*

O que eles vão estar a pensar (99.99% das vezes) é,

*"Bolas, ainda bem que não sou eu que estou ali."*

"Se tiveres de atravessar o Inferno, continua."

Winston Churchill

# 5. COLOQUE BEM O CONTEXTO

Quando lhe pedem para discursar, muitos indivíduos falam sobre o quão bons eles são, o que representa a sua excelente empresa e a incrível linha de produtos ou serviços que podem oferecer.

PARE!!!

Pode estar a discursar, mas evite cair no erro de discursar sobre você mesmo (e aquilo que representa).

A sua mensagem por inteiro tem de ser colocada em contexto à volta de um princípio de vida muito simples "QGCI" - Que Ganho Com Isso.

De cada vez que for preparar a sua mensagem, pergunte-se, "O que ganha a minha assistência com isso"?

Se tiver um historial de vendas, então saberá que as pessoas não compram funcionalidades (mau contexto e enquadramento).

Eles comprar benefícios (enquadramento correcto).

Não é sobre quão bom você ou o seu grupo é, é sobre como a assistência pode beneficiar daquilo que tem para oferecer.

Conte sempre com este elemento crítico.

Ponha em Contexto antes de Criar a Frase.

"O objetivo da comunicação eficaz deve ser a assistência dizer 'Eu também!' ao invés de 'E então?'"

Jim Rohn

# 6. O MEDO E VOCÊ

Alguns medos comuns que as pessoas têm sobre falar em público:

Medo do desconhecido

Medo de rejeição

Medo de parecer estúpido

Medo de exclusão

Medo de erros passados

Medo de errar

Medo de ter uma branca

Medo de parecer incompetente

Medo de parecer artificial

Medo de não gostarem de si

Aplique aquilo que partilho consigo neste livro, e cada um desses medos irá dissipar-se no ar.

O seu passado não é o seu futuro.

Por isso, qual é o problema se fizer um erro quando se levantar e for para o palco?

Acontece aos melhores.

Todos esses medos vêm das suas experiências passadas, as experiências das outras pessoas e um ponto de referência incorreto - *você*.

Vamos lidar com isso.

"Não devo ter medo.
Medo mata a mente. Medo é a pequena morte que traz obliteração total.

Irei enfrentar o meu medo.
Irei permitir que passe por cima de mim e me atravesse. E quando passar, irei virar o meu olho interno para ver o seu caminho.

Para onde o medo foi,
Não ficará nada.

Só eu. "

Frank Herber

# 7.  PORQUÊ TÃO SÉRIO?

Então, tem de fazer um discurso?

Porquê tão sério?

Se está sempre ansioso, misturou as coisas.

Pensa que é sobre si.

Novidade! *Não* é sobre si.

É sobre a assistência.

O seu papel é entregar a mensagem.

O seu papel é cuidar a sua assistência.

Cuide o suficiente para se assegurar que a assistência recebe a mensagem desejada.

Alguma vez passeou numa rua e teve um completo estranho a contemplá-lo com um sorriso?

Na maioria dos casos, a resposta mais instintiva e natural seria sorrir de volta.

Tem uma lei humana, poderosa no desfecho que providencia, simples na sua aplicação.

A lei da *reciprocidade* tem que nós humanos estamos impelidos a reciprocar aquilo que recebemos.

As pessoas não querem saber aquilo que sabe até elas saberem o quanto se *importa* com elas.

Gostamos dos que gostam de nós.

Amamos os que nos amam.

Cuidamos aqueles que nos cuidam.

Teria de trabalhar bastante no duro para encontrar alguém que gosta e que não gosta de si. Se encontrar, parabéns, mas não existem muitas.

Cuide da sua assistência.

Eles irão notar, apreciar e, como resultado, reciprocar este sentimento ao cuidar e ouvir o que tem para dizer.

## 8. REVEJA OS SEUS SENTIMENTOS

Pense da primeira vez que foi a um encontro.

Entusiasmado. Nervoso. Ansioso. Coração a pular. Borboletas. Alguns ou todos dos anteriores.

Mas para si, foi *positivo*!

Controla o rótulo que coloca nos seus sentimentos. Sempre.

Falar em público é igual. Reveja os seus sentimentos.

| Rótulo Antigo | Novo Rótulo Positivo |
|---|---|
| Ansioso | Bom. Está vivo. |
| Assustado | Entusiasmado. |
| Nervoso | Você é uma estrela de Rock. O seu trabalho é fazer o seu melhor... |
| Medroso | Também é ter um bebé. Mas é muito divertido. |
| Insónias | Boa. Mais tempo para praticar. |

Os melhores oradores usam jogos mentais.

Funciona para eles.

Irá funcionar para si.

"Vire a sua cara para o sol e a sombra ficará atrás de si."

Provérbio Maori

# 9.  ENFRENTE A COMPETIÇÃO

Se este fosse um ringue de boxe, estava a enfrentar um competidor que ainda não tem derrotas, tem duas vezes o seu alcance, três vezes o seu tamanho e oh, quase me esquecia, é considerado o próximo campeão mundial. Boa sorte!

É justo dizer, não vai ganhar esta partida.

Boas notícias. Não está num ringue de boxe.

Más notícias. O seu competidor é muito mais acutilante do que aquilo que descrevi.

Ao falar, está a lutar contra aquilo que é considerado como sendo a mais poderosa máquina na história da humanidade.

Não está a lidar com um smartphone ou tablet.

Está a lidar com a poderosa *mente*.

A maioria das pessoas fala, em média, cerca de 120 a 180 palavras por minuto. Uma velocidade de tartaruga se considerarmos as mais de 400 palavras por minuto que o nosso cérebro consegue processar.

Significado: Se tiver um desempenho aborrecido, padrão ou fraco, dentro de minutos, vocês os dois (você a falar e a mente da sua audiência) estarão a milhas de distância.

> "O maior problema na comunicação é a *ilusão* de que ela ocorreu."
>
> George Bernard Shaw

E como se não fosse suficiente, tenho algumas más notícias para si.

A.D.D. costumava ser descrito como um termo clínico para rotular os poucos incansáveis.

Graças aos beeps, tweets, toques, chamadas e sons mentais, eu digo que toda a gente hoje sofre de A.D.D. (eu mesmo estando no topo dessa lista).

E que tal isso para um sincronia perfeita?

**Solução:**

Seja Acutilante.

Seja Conciso.

Como?

Continue a ler.

## 10.  APONTE PARA A LINHA FINAL

A probabilidade diz-me que você é um especialista na área em que irá discursar.

Isto significa que pode provavelmente falar durante semanas sem fim sobre o seu tópico.

Intuitivamente, está a pensar, *ótimo*.

Não. Não é esse o caso.

A sua assistência não lhe irá dar minutos do seu tempo, quanto mais a semana inteira.

A sua assistência está preocupada com outros temas importantes nas suas vidas.

Eles não têm tempo para ouvir falar em excesso.

Se *sair do seu curso*, nem terá apenas um minuto.

A maioria das pessoas pensa em passar a sua mensagem a partir de um ponto de partida.

Pode soar bem. Mas não soa.

Duas questões significativas ficam por responder, resultando em indivíduos vendo-se frustrados e completamente fora do percurso da sua assistência. O problema - não tem fim que seja visível.

Deve primeiro determinar aonde quer chegar.

Responda a estas duas questões,

Qual é o propósito de estar ali a falar?

_____


O que quer que a assistência se lembre (ou faça) após o terem ouvido falar?

_____


Compreenda, pode ser difícil articular uma resposta válida de início. Mas *deve*-se pressionar até ficar tudo claro como água.

Este é o ponto principal a partir do qual se estabelece um sentido claro de direcção.

Considere isto. Está prestes a abandonar o seu escritório e a entrar no seu carro. A questão que teria de responder com sucesso em algum ponto prévio a conduzir seria uma variação de *"para que destino me vou conduzir?"*

Por isso, eu peço que coloque a mesma pergunta sobre o seu discurso.

Para onde nos leva com ele?

A que destino está a conduzir a sua assistência?

Apenas quando tiver estabelecido uma linha final é que pode começar.

# 11. ATÉ CAIR PARA O LADO

Seja louco.

Escreva todos os seus pensamentos num papel.

Escreva em todo o lado.

Escreva mesmo que não faça sentido nenhum.

Escreva sem editar.

Escreva livremente.

Escreva em abundância.

Escreva como se vá ganhar uma segunda vida.

Escreva todas as coisas que lhe vêm à mente.

Se o tempo o permitir, tome uma pausa. Talvez quando for à mercearia mais tarde, e quando voltar, mais virá. Vem sempre. Volte, e escreva.

Escreva até estar exausto.

Quando sublinhar e escrever o seu discurso, tem a minha permissão para fazer um *Brainstorm*.

Este é o local, e talvez, a única altura, em que poderá usar a sua liberdade para eliminar toda a linguagem sem nexo.

Cuidado: Muitos profissionais transmitem os seus discursos nesta altura e perguntam-se porque a audiência têm os seus olhos esbugalhados e a caírem num coma.

VOCÊ NUNCA FARÁ ISTO.

"Todo o orador tem uma boca;

Um acordo bastante simples.

Por vezes está cheio de sabedoria.

Por vezes está cheio de pés."

Robert Orben

## 12.  UM PROCESSO DOLOROSO

Assim que pensar verdadeiramente em todas as grandes ideias, pensamentos, histórias, analogias e exemplos, vem o processo de filtragem.

É divertido para começar, mas quanto mais tem para remover, mais doloroso fica o processo.

Se ficar em sintonia com o seu propósito, fica.

Se não, *corte*.

Toda a gente pensa que os seus pensamentos são excelentes (e deve ser assim), mas a mente da sua assistência não tem *misericórdia*.

Infelizmente, você não se pode dar ao luxo de ser emocional sobre o seu conteúdo.

Se aborrecer ou confundir a sua assistência, eles irão descartar a sua mensagem.

Sem segundas hipóteses.

Este livro tinha originalmente mais de 500 páginas (já editado).

Imagine a crueldade sentida para entregar uma versão de 60 minutos condensada.


> "Se devo falar dez minutos, preciso de uma semana para me preparar;
>
> Se quinze minutos, três dias;
>
> Se meia hora, dois dias;
>
> Se uma hora, estou pronto agora."
>
> Woodrow Wilson


Compreenda que quanto menos tempo tiver para entregar a sua mensagem, mais *terá* que trabalhar.

Agora, tenho com certeza a sua atenção, e pergunta-se:

*"O que deve ficar? O que deve ir?"*

Pensava que nunca mais perguntava.

# 13. DEVO FICAR OU DEVO IR?

Terá de enfrentar momentos em que tem de remover grandes pedaços e partes.

As questões que se precisa de perguntar são:

1. Qual é o propósito de se elevar e falar?

2. Estará este tópico em linha com o final que quero alcançar?

3. Serve?

4. Flui? (Irei falar disto brevemente)

Em muitos casos, quando trabalho com os meus clientes, removemos tanto material que eles usaram o conteúdo descartado para preparar outros discursos diferentes a partir daí. Eles colocaram essas porções na sua reserva para usarem no futuro. Pode fazer o mesmo.

Às vezes os seus factos, pensamentos e ideias podem parecer excelentes de início, mas no final, parece que não fica bem. Ou pode não servir o seu propósito.

O que faz?

Apaga.

Continue a remover todo o excesso de gordura do seu corpo, até que o pedaço, apresentação, qualidade de som ou exposição pública seja uma máquina muscular magra e em forma que está pronta a dominar a sua competição.

"Se não o consegue explicar de forma simples, que dizer que não o compreende verdadeiramente."

Albert Einstein

## 14. EDWARD QUEM?

Edward Everett é raramente relembrado como o orador principal.

Lembra-se dele?

Não se preocupe. Com o passar dos anos, apenas 5% da assistência aos meus seminários ouviram falar sobre ele.

Em 1863, Edward era um orador muito importante. Ele falava por mais do que duas horas.

Por isso, o que tem de tão especial não nos lembrarmos do Edward e do seu discurso de duas horas?

Porque provavelmente ouviu falar sobre a pessoa que veio depois dele - Abraham Lincoln.

Ele *não* era o orador principal desse dia.

Ele não tinha as duas horas que Edward Everett tinha.

Ainda assim, até hoje, Abraham Lincoln é relembrado por discursar o icónico *Gettysburg Address.*

Quanto tempo foi esse discurso?

Dois minutos. 10 frases. 272 palavras.

## 15.  TENHA A ATENÇÃO DELES

*"Boa tarde caros senhores e senhoras. Obrigado por terem vindo. Hoje irei..."*

Comece com isto, e a mente inconsciente da sua assistência recebe o seguinte palpite (porque eu já sei aquilo que vem aí pela sua experiência agonizante)

a.  Isto vai ser ABORRECIDO!!!

b.  Porque estou aqui? Tenho tanto trabalho para fazer.

c.  Quem parece mais confortável? Devo encostar-me para a esquerda ou para a direita para poder dormir?

*Acabou de perder a partida com a sua introdução.*

Se não consegue cativar a sua assistência de início, não tem hipótese de transmitir uma grande mensagem (independentemente de quão bom você é).

As pessoas hoje são mentalmente ocupadas, sobrecarregadas e exaustas.

A sua assistência estará naturalmente (e não leve isto a peito) com a mente fechada, em tensão pela sua sobrecarga de trabalho, traumatizados pelos e-mails crescentes, os filhos, o que cozinhar para o jantar, você sabe.

O que eles não precisam é de outra pessoa tentando tomar um pouco mais de espaço na sua mente.

Se entrar como todos o fazem, está a cantar uma canção de embalar – *Hello Coma!*

Pode estar a falar para uma casa cheia. Compreenda que é apenas uma casa cheia de corpos.

A casa está mentalmente vazia.

O seu trabalho é tentar trazer a audiência mentalmente para dentro daquela sala.

Tenha a atenção deles.

"Como se faz isso?", ouço a perguntar.

## "Mares calmos não fazem bons marinheiros."

### Provérbio Africano

## 16. COMECE DE FORMA DIFERENTE

*"Penso que a minha carreira atingiu um pico"*, foram as palavras de Colin Firth quando aceitou o Óscar pelo seu desempenho em O Discurso do Rei.

Pode citar um facto incrível que não seja da sabedoria comum para captar a atenção das pessoas. Por exemplo, pode ser do sector da aviação e precisar de falar sobre um aspecto em particular - segurança.

"Sabia que a probabilidade de morte é maior 8 vezes quando conduz se comparar com voar?"

O seu tópico pode ser aborrecido.

O seu tópico pode ser importante.

Mas você não tem o direito de usar isso como razões para entorpecer a sua audiência.

Seja Criativo.

Comece do meio da sala.

Comece por trás.

Comece por sublinhar um dilema.

Comece com um facto.

Comece com impacto.

Comece com uma citação.

Partilhe uma piada.

Comece com uma distração (mas relevante para os pontos de vista que quer partilhar).

Partilhe e mostre os seus pontos de vista através de uma ação.

Imagine aparecer num evento e orador daquela noite, para ilustrar o que queria dizer, decidiu caminhar com o seu pijama.

*(se ainda não o viu, vá online e pesquise 'Leadership Speaker Pyjamas')*

Estimule a mente da sua assistência.

Tenha a sua atenção, ou é melhor ir para casa.

"Qualquer pessoa que troque a liberdade por segurança não merece ambas."

Benjamin Franklin

## 17.  ISSO NÃO ME IMPRESSIONA MUITO

Demasiadas vezes, os discursos públicos correm mal porque o orador pensa que aquela é a melhor altura para massajar o seu próprio ego.

Eu já vi profissionais usarem erradamente o seu período de discurso para se exibirem, usando um vocabulário de gíria, cenários complexos e exageradas apresentações.

Eles falam tanta linguagem sem nexo, supostamente para sugerir que são inteligentes.

Deixe-me dizer que esta abordagem não tem nada de inteligente.

Tudo o que faz é colocá-lo mais longe do seu *papel* como orador.

A sua fase final não existe para impressionar a sua assistência.

O seu propósito é *entregar* a sua mensagem.

Faça isto e a sua audiência ficará impressionada.

Este pode ser a 'hora do espectáculo' para si, mas não é a hora para se exibir.

Esta é a hora (e muito limitada) para entregar a sua mensagem com clareza, propósito e impacto.

Não fale sem nexo.

Não use gíria (a não ser que seja um público totalmente composto de pessoas que falam essa gíria).

O vocabulário que usar não deve ser feito para impressionar as pessoas (devia ser um músico rapper se o quiser fazer).

Não se arme em esperto.

Mantenha tudo simples.

Entregue a sua mensagem com a simplicidade de a entregar a uma criança de 9 a 10 anos.

Como todos os grandes oradores, Winston Churchill compreendia o poder da simplicidade.

Ao orar o seu famoso discurso de Outubro em 1941, ele escolheu uma mensagem-chave e ele transmitiu-a,

*"Nunca Desistir. Nunca Desistir. Nunca. Nunca. Nunca."*

Uma mensagem simples repetida vezes sem conta.

Acutilante.

Decisiva.

É assim que se fala com impacto.

Você *será* impressivo.

"Pense como um sábio, mas comunique na língua das pessoas comuns."

William Butler Yeats

# 18.  DEIXE FLUIR

Alguma vez contemplou um rio?

Ele simplesmente flui. Sem esforço. Com beleza.

Quando se levantar para expor a sua mensagem, eu quero que pense na sua mensagem como se fosse um rio. O fluxo de informação deve ter um sentido e fluir sem esforço.

Eu já vi pessoas levantarem-se e falarem sobre basicamente nada, com a esperança de que a audiência consiga descortinar a mensagem.

Acorde!

Se não lhe faz sentido, não irá fazer sentido para a sua audiência.

Se não é claro na sua mente, será completamente nublado para as mentes da assistência.

Se a sua audiência tiver que pensar sobre o assunto, já os perdeu.

A última coisa que você quer é um público que esteja a tentar entender o que acabou de dizer.

Eles irão parar de ouvir. Ponto final.

A sua assistência não tem a oportunidade de lhe perguntar o que quer realmente dizer?

A sua audiência não tem tempo para pensar naquilo que está a dizer.

Volte a ler a frase acima até esta assentar bem.

Fale com todo o significado. Tenha significado em tudo o que fala.

O seu discurso precisa de ser simples para as mentes da assistência.

Não estou a degradar ou a diminuir a audiência.

Eles são inteligentes. Eles também são mentalmente preguiçosos.

Eles não querem pensar ou ter que pensar.

Eles precisam de ser capazes de o seguir em facilidade absoluta.

Você é que está de pé.

Você é que está a enviar a mensagem.

Você é responsável por a sua mensagem ter sentido. Não o público.

Lembre-se que um rio flui sem esforço.

O seu rio de informação flui?

"Aquele que quer persuadir deve colocar a sua confiança não no argumento correto, mas na palavra certa."

Joseph Conrad

# 19. TRANSFORME EM FILME

Evite memorizar.

Isto pode soar como algo contra a sua intuição, pois muitos profissionais experientes irão esboçar um sorriso com orgulho, referindo que memorizaram todo seu diálogo, discurso ou apresentação.

Isto fará apenas com que fique com um cérebro carregado, e isto acabará por o prejudicar quando chegar a sua hora.

Se quer estar calmo, relaxado e senhor de si antes de se levantar e falar, *liberte* o seu cérebro de toda a carga desnecessária.

Empreste uma estrutura à sua mensagem - como se fosse um enredo de um filme.

Depois, como em qualquer história ou filme, pode visualizar e relembrar os eventos, pois tudo faz sentido *lógico*.

Pense na última vez que esteve com um amigo e relembrou um filme que viu, umas férias que teve, ou sobre como passou o fim-de-semana.

A sua história tinha um início, continuava com uma série de eventos e um final.

Tinha um fluxo. Lembra-se? O fluxo do rio.

Pode ter-se lembrado de cada pequeno detalhe, ou ter esquecido uma ou duas coisas menores.

Mas tinha um fluxo, desde o início até ao fim.

Um enredo simples pode ajudar a visualizar e a interligar os seus pensamentos (com a ajuda de alguns ativadores) desde o início até ao fim.

Não memorize o seu discurso. Transforme tudo num filme.

# 20. DÊ VIDA

Muitos profissionais levantam-se e entregam a sua mensagem cheia de factos e gráficos.

Eles assumem que a audiência seja uma criatura lógica.

Lamento. Odeio ter que lhe dizer a verdade inconveniente, mas somos seres emocionais. Preferimos ilustrações vívidas ao invés de números aborrecidos.

Se quer expor factos com impacto, precisa de pintar a imagem nas mentes da audiência.

Ajude a sua audiência a compreender o que quer dizer.

Facto: "O Burj Khalifa é a torre mais alta do mundo, com 828m."

A frase assinala um facto. Mas isso é apenas um número.

Nem sequer se aproxima de pintar uma imagem e talvez dizer,

"O Burj Khalifa é a torre mais alta do mundo. Com 828m, é o tamanho de oito campos de futebol encadeados uns nos outros."

Você é o pintor, e a mente da sua assistência é uma tela por preencher.

Empreste cor à sua mensagem. Dê-lhe uma tonalidade.

Dê-lhe profundidade. Dê-lhe dimensão.

Dê-lhe gosto. Dê-lhe um sabor.

Dê-lhe um tacto. Dê-lhe uma textura.

A sua audiência poderá apenas ver o que você vê, mas só depois de fazer um bom trabalho ao pintar a tela para eles.

"Eu sonho pintar e, depois, pinto o meu sonho."

Vincent Van Gogh

# 21. PROJECTE PODER

Fazer *umms, ahhs, tipo, você sabe, OK, na verdade...*

Nem pense nisso.

Existe poder na pausa.

O silêncio é desconfortável para a maioria das pessoas.

Use-o como a sua jogada de poder e força.

A sua capacidade de ter um momento de pausa sem ter de preencher o vazio vai ajudar a que emane *confiança*.

Você será visto como alguém que está *à vontade*, e com o *controlo*.

Pausar permite que a sua audiência pare e pense sobre aquilo que acabou de dizer.

Pausar faz com que a sua audiência fique à borda do navio, à espera que entregue a sua afirmação com impacto.

Pausar é a pontuação que iria usar se fosse comunicar por escrito com o seu leitor.

Pausar dá-lhe firmeza.

E para ser completamente honesto, pausar dá-lhe alguns segundos para se recompor (se perdeu o seu fluxo de pensamentos) e passar para o seu próximo tópico, com poder e força.

*Você percebe.*

*Pause.*

"Silêncio na altura certa traz mais eloquência do que a palavra falada."

Martin Fraquhar Tupper

# 22. CURTO E GROSSO

Com tudo o que aprendeu até agora, reveja o seu discurso.

Considere cada tópico.

Pergunte-se, "Como posso clarificar isto? Fazer que fique mais curto? Com mais impacto?"

Ao falar, as suas declarações devem ser apenas mais longas por necessidade, não por escolha.

Quer ser considerado no mesmo escopo de grandes oradores, líderes de pensamento e Presidentes?

Você pode.

Aqui tem como os oradores mais fortes colocam a assistência do seu lado.

Eles usam

    a. Frases curtas

    b. Palavras simples

    c. Termos que todos se conseguem identificar e relacionar

Qualidade sobre quantidade.

Menos é mais.

"Um bom discurso deve ser como a saia de uma mulher; comprida o suficiente para cobrir o assunto e curta o suficiente para criar interesse."

Anónimo

## 23. FECHO PRESIDENCIAL

As pessoas lembram a *primeira* e *última* coisa que diz.

Se a sua assistência fosse entrevistada e questionada sobre qual seria o ponto que se lembraram da sua mensagem, e qual seria ele?

Qual é o resumo e motivo pelo qual esteve ali a discursar?

Qual é a mensagem que fica na cabeça da assistência ao regressar a casa?

O fecho é a altura em que está mentalmente a aglutinar a sua audiência para criar ação.

Qual é a sua chamada para a ação?

Dar tudo.

Siga o axioma de oratória pública - *"Tenha uma abertura cativante e um fecho memorável e forte, e coloque os dois tão perto um do outro quanto possível."*

Nota: Se tiver tempo para praticar, reveja os últimos dois
minutos de alguns dos seus políticos favoritos (bons oradores)
em campanha. O seu fecho deve ajudar a que *compreenda* a
sua mensagem e chamada para a ação.

Acabe num tom elevado.

Acabe com esperança.

Acabe com um sorriso.

Acabe com firmeza.

Acabe com poder.

As suas últimas palavras são relembradas. Faça com que elas
importem.

"Sim, Nós Podemos!"

Barack Obama

Slogan de Campanha,
2008

## 24.  VOCÊ É MELHOR DO QUE PENSA

Eu Acredito.

Agora apenas preciso de mostrar e fazer com que acredite também.

Primeiro que tudo, acredito que existe uma razão pela qual lhe pediram para falar. Existe *valor* naquilo que tem a partilhar com a sua audiência.

É melhor que acredite nisso.

"Se acha que consegue, ou se acha que não consegue, provavelmente terá razão."

Henry Ford

Segundo, para não achar que sou um orador *raaa raaa raaa* motivacional, deixe-me colocar esta realidade para aumentar a crença que tem em si mesmo.

Tome qualquer dispositivo de gravação (portátil, smartphone ou câmara de vídeo se ainda usar uma) e grave-se a efetuar o seu discurso.

Você irá

a) Ficar ciente das áreas que precisa de limar.

b) Compreender aquilo que ajudo muitos dos meus clientes a apreciar quando faço workshops ou treinos um-para-um. Como em todos os casos em que trabalhei, irá reparar que se saíu muito melhor do que pensa.

Agora vá gravar, veja e surpreenda-se com este teste.

*Eu sei, eu sei. Pode comprar-me um café quando nos encontrarmos. Eu também o Adoro.*

## 25. FIQUE FIRME

Quando entra numa sala, ou sai mesmo do seu carro, a partir do momento em que dão por si, começou o jogo.

A sua postura (estar firme e alto) retrata que tem confiança e está em controlo.

Deve andar e ficar com firmeza.

Como as pessoas o vêem é a textura que dá àquilo que diz.

Ao orar, fique com as pernas à distância das suas ancas. O suficiente para aguentar o seu equilíbrio. Não quer estar a abanar para os lados ou para a frente e para trás.

Os seus ombros devem estar puxados para trás com a sua cabeça centrada, olhando para a audiência.

Está numa pose de firmeza.

As suas entradas de ar estão abertas para respirar e falar com facilidade.

Esta é a postura dos vencedores.

Você estabelece autoridade, está ao controlo e aparenta ser

competente e confortável.

Olhe para o papel.

Seja o papel.

Fique firme.

"Uma boa postura reflete um estado de mente são."

Morihei Ueshiba

## 26. DESARME E CONECTE

Sabia que as crianças sorriem mais de 400 vezes por dia?

Esse número é reduzido até a uma média de apenas 15 por dia conforme somos adultos.

Quando se trata de falar em público, a média desce para ainda menos, e estou a ser generoso.

Demasiados indivíduos são excelentes quando falo com eles um para um.

Depois, eles levantam-se e transmitem o seu discurso.

De repente, aprecem estar obstipados (não é bonito de se ver).

Deixe-me dizer algo.

Antes da capacidade, vem a *empatia*.

Uma cara sem emoções, irritada ou obstipada não faz com que haja empatia.

Os humanos gravitam à volta de um sorriso natural.

Sentimo-nos bem quando sorrimos (ou vemos o mesmo nos outros).

Antes de ter uma capacidade para demonstrar a sua capacidade, deve conquistar a sua audiência. Sorrier cria empatia.

Empatia cria uma assistência que o *ouve*.

Pode dizer à sua audiência que está feliz por os ver, estar com eles, e partilhar a sua mensagem. Mas tem de deixar a sua cara cumprir com o que está a dizer também.

Pode dizer tudo isso com um sorriso genuíno e sentido.

Compreenda, a sua expressão facial deve estar em sintonia com aquilo que está a dizer. A não ser que esteja a orar num funeral ou lidando com os mídia num modo de gestão de crises, sorrir é a forma mais rápida de desarmar e conectar com a sua assistência.

Cabe a si decidir quando aplicar dependendo do seu contexto, e de onde, quando e o porquê de estar a falar.

Não lhe custa nada sorrir, mas compra-lhe uma boa vontade imensurável.

Irá ter a maioria da assistência do seu lado a partir do primeiro momento.

Sorrir é uma arma. Use-a.

## "O seu sorriso é uma mensagem da sua boa vontade."

### Dale Carnegie

## 27.  MOVIMENTE-SE COM PROPÓSITO

Não fique por detrás da tribuna (a não ser que esteja a incitar um discurso público transmitido par ao mundo inteiro).

Não se esconda por detrás de objetos. Isso não irá salvá-lo.

Não se desloque sem propósito. A sua audiência irá sair assustada e com cicatrizes.

Não vagueie nem ande de forma desajeitada. Eles vão ligar para os paramédicos.

Não fique colado num único sítio. Irá ser invisível quando comparado com a mobília.

Lembre-se, a sua assistência não tem um grande período de atenção.

Assim que tiver a atenção deles no início, tem de manter a atenção deles de forma contínua.

Precisa de os abordar com tudo aquilo que tem.

Use o espaço que tem.

Dependendo da situação, pode ser capaz de apenas se movimentar para uma dimensão (como um palco), caso para o qual terá uma *esquerda*, *centro* e *direita*.

Numa sala, pode usar a sala inteira.

Desloque-se. Mas faça-o com propósito.

Faça um movimento para um os lados da sala e transmita a sua ideia.

Pode então assinalar o seu próximo tópico ao efetuar o próximo movimento.

Isto irá motivar a sua assistência, ajudar a cobrir a sala, e, mais importante, irá ajudá-lo a transmitir a sua mensagem com impacto.

Muito melhor do que o rígido orador 'por detrás da tribuna', não acha?

"Pode ter ideias brilhantes, mas se não as conseguir fazer passar, as suas ideias não o irão levar a sítio algum."

Lee Iacocca

## 28.  LINGUAGEM GESTUAL

Os gestos são indispensáveis para fazer passar a sua mensagem. De novo, com um propósito.

Não esbraceje como se estivesse a ter um ataque ou tentando acertar 3 moscas de uma vez só.

Mantenha os seus braços acima da sua cintura.

Os seus gestos são linguagem gestual. Precisam de estar *em linha* com a sua mensagem.

As suas mãos devem apenas movimentar-se quando está a incidir num certo ponto.

Se aquilo que está a dizer é *grande*, assegure-se que os seus gestos refletem algo '*grande*' e não o contrário.

Peço-lhe, por favor não faça algo só porque viu uma figura pública a o fazer.

A pose de poder é uma pose de poder para todos aqueles que a conseguem fazer naturalmente. Não é uma pose que consiga ter por mais de dez minutos porque você pensa que transmite poder.

Não só irá parecer como algo fraco, também irá passar a mensagem de ser *falso*.

A sua assistência não quer falso. Eles querem um orador autêntico.

A autenticidade é aquilo que lhe garante o respeito do seu público.

Quer fazer-se passar como tendo poder?

Tome alguns gestos dos grandes oradores e presidentes, veja quais funcionam com a sua personalidade, e depois use-os como parte do seu repertório. Pode querer avançar para o *gesto de mão em C* de Obama ou o use do *campanário* por Donald Trump.

Seja aquilo que escolher, deve parecer natural para si.

"Nada dificulta tanto sermos naturais como a nossa própria capacidade de nos restringirmos para o parecer."

Francois de La Rochefoucauld

## 29. CRIE UMA ATRAÇÃO MAGNÉTICA

Eles são encantadores. Eles são carismáticos. Eles são charmosos. Eles são enigmáticos. Eles têm uma presença inegável.

Eles têm um certo jeito.

Eles lideram as atenções.

Estas são algumas das qualidades atrativas que as pessoas notam em grandes oradores.

Não gostaria de ser mais carismático?

Não gostaria de comandar com a sua presença?

E se podesse criar uma atração Magnética?

Fácil.

*Olhe para cima. Mantenha contacto visual.*

Muitos cometem o erro de se elevarem e olharem para baixo.

Outros olham para tudo menos o único sítio que importa - *a assistência.*

Eu sei o que pode estar a pensar, *"Mas Kevin, é um um pouco exaustivo olhar para uma audiência de 5, 50, 500 ou 5000 pessoas"*.

Relaxe. Vamos voltar a enquadrar esta ideia.

Você não está a falar para cinco mil pessoal.

Está a falar *um-para-um*, cinco mil vezes.

Corte a assistência mentalmente em 6 segmentos, dependendo do ambiente.

| Traseira Esquerda | Centro | Traseira Direita |
|---|---|---|
| Frontal Esquerda | Centro | Frontal Direita |

De cada vez que sublinhar um tópico, olhe na direção de um destes segmentos.

Mais importante, procure uma cara que está motivada com aquilo que está a dizer.

Olhe nos seus olhos e entregue o seu discurso.

Fale como iria falar com elas, um-para-um.

quando for altura de falar do seu próximo ponto, olhe para outro segmento, escolha uma cara, olhe para eles nos olhos e transmita a sua ideia.

Rapidamente vai passar os segmentos algumas vezes, e de cada vez que o fizer, vai ter uma conversa um-para-um com alguém da audiência.

De repente, as suas rondas de um-para-um concretizam numa abrangência grande do seu público.

**Benefício:**

*Você cria ligações um-para-um.*

*Você cria fãs admiradores dentro da sua assistência.*

*Você trabalha a assistência através de envolvimento.*

Crie ligações um-para-um ao olhar para as pessoas nos seus olhos, mantendo o seu olhar (de uma forma gentil e não assustadora) conforme está passando a sua mensagem.

Os seus olhos são as *janelas para a alma* e, quando fizer   isto aplicando uma receita de desarme, a sua assistência deveria ter olhado para além de si e ver a sua autenticidade.

Eles vão sentir uma atração magnética, e irá senti-lo.

## 30. A VOZ

Você quer ser ouvido.

Você quer ser compreendido.

Você quer que a sua mensagem seja transmitida com claridade.

A sua capacidade de falar com uma voz que projete autoridade, confiança, entusiasmo, e magnitude cria peso ao conteúdo que está a dizer.

No entanto, este desejo leva a um engano comum - os indivíduos falam muito alto.

Eles querem que a sua mensagem seja ouvida, por isso *gritam*.

"Quanto menos as pessoas souberem, mais irão gritar."

Seth Godin

Gritar a sua mensagem não irá servir o seu propósito. Irá danificar os ouvidos da sua assistência e retirar foco à mensagem que pretende transmitir.

Nota: falar muito suavemente também irá desviar a atenção da sua assistência. Em vez de ouvirem o que está a dizer, estarão a efetuar apostas uns com os outros tentando descobrir as palavras que está a murmurar.

Você quer uma voz de comando.

Você quer uma voz clara.

Você quer uma voz autêntica - a sua voz.

Implementar variedade vocal irá ajudar em enfatizar pontos chave.

Felicidade, tristeza, empatia, paixão - tudo pode ser transmitido através da sua voz.

Imagine *aquilo que diz* como criando imagens na mente do público. Depois começa a dar tons com a sua postura, movimento e gestos. A sua voz é o que dá cor e vida a essas imagens (*como o diz*).

Logo que começamos a trabalhar em conjunto, eu digo aos clientes para parar de usar a sua *voz de postura preguiçosa*. Sabe, a postura (e a voz que tem) após um dia longo.

Está caído e sente mais nada para alguém do desejo de se agarrar do chão para o sofá.

Nunca fale superficialmente (usando apenas o ar da sua boca).

Você quer e precisa de uma voz forte, que venha do seu interior.

Coloque a sua mão por debaixo da sua caixa torácica e sinta-se tomando inspirações profundas, expandindo o seu diafragma. Isto deve movimentar a sua mão para a frente e para trás (não para cima e para baixo).

Lembra-se da lição da Mãe? Dez respirações profundas, e depois comece a falar.

Preste especial atenção a que projete a voz a partir do seu diafragma.

Irá parecer estranho de início, mas esta é a sua voz real - a sua voz autêntica.

Irá ter um sentido incrível de autoridade, controlo e paz, falando com tal potência.

A sua assistência irá ouvir e experimentar uma diferença incrível.

Bem vindo à voz do seu futuro.

# 31. QUERO SER O OBAMA

Não, não quer (mesmo que seja inegável que Obama seja um excelente orador).

Mas não quer mesmo.

OK, serei aquela pessoa que parte o seu coração e irei dizer tudo.

Você *nunca* será o Obama.

Se lhe faz sentir melhor - o Obama nunca conseguirá ser igual a si também.

O erro que muitos fazem (e você vê isto com mulheres que se estragam com más cirurgias plásticas) é que querem ser outra pessoa.

Mas não pode ser outra pessoa senão você mesmo.

Não comece uma luta que sabe que vai perder.

O melhor que poderia fazer era ser *'como o Obama'*. E ser *como* alguém não é um elogio.

Não pode ser melhor (ou bater) alguém sendo como eles, e o inverso também é verdadeiro.

Só pode transformar-se no melhor que pode ser.

Use as pessoas como Obama como inspiração, não imitação.

Seja Você.

Crie-se.

## 32.  PERDER-SE

E se estiver a falar e de repente bloquear?

Não se preocupe. Acontece.

"O cérebro humano começa a trabalhar a partir do momento em que nasce e nunca pára até ao momento em que fala em público."

George Jessel

Vou dar-lhe duas técnicas rápidas que irão ser-lhe úteis para sempre quando falar em público.

a)  A primeira técnica é o uso dos *ativadores*.

Dentro do fluxo da sua história, os *ativadores* irão ajudar a que relembre e ligue os seus tópicos em conjunto. Pode usar todas as técnicas seguintes para ajudar a transmitir o diálogo com impacto.

i)  Transmitindo os seus pontos ao listá-los (1. 2. 3. 4. 5.).

ii)  Histórias com reviravoltas (altos e baixos, mentalmente levando-o para a próxima cena)

iii) O uso dos seus dedos (isto está listado numa forma física para o ajudar na sua lembrança de pensamentos)

iv) Movimento corporal (certos pontos e movimentos alinhados na sua história irão trazer uma visualização daquilo que vem a seguir).

b) A segunda técnica é aquilo que cobrimos, *reenquadrar.*

Reenquadrar a sua assistência de arqui-inimigos para amigos.

Está entre amigos.

Para que servem os amigos?

Pense neles como dizendo, nas palavras de Jerry McGuire, *"Ajude-me, Ajude-se"*.

Se alguma vez bloquear e não tiver ideia alguma sobre onde estava, assuma - peça ao seu público para o ajudar.

Eu faço-o. E eu sou pago para falar.

Repetidamente disse à minha assistência, *"Sabem que mais, deve ser um peixinho, e fora de água, porque não tenho ideia do que estava a dizer. Onde estava pessoal?"*

A audiência ri-se (1 ponto), eles vêem a minha autenticidade (1 ponto) e eles ativamente participam em relembrar-me (e a eles mesmos) o que disse por último (1 ponto).

De repente, tomou aquilo que a maioria das pessoas tem tanto medo, e transformou em algo para sua vantagem.

Esta é a vantagem quando vê a sua assistência como amigos.

Bom, onde estava? Certo🖥

# 33.  CHEGUE MAIS CEDO

Onde está a falar?

Vá ver como está tudo instalado. Obtenha a sensação do local. Dê uma volta por lá.

É incrível como isto pode afetar positivamente o seu resultado geral.

Quer seja no dia antes ou uma hora antes do discurso, ter acesso a onde vai orar, saber onde vai estar a falar, ver como está tudo montando, sentir o tamanho da sala/auditório, testar o som algumas vezes será sempre útil.

A sua mente irá armazenar o contexto, sentido e o que há em redor. Quando começar a coisa à sério, a sua mente irá considerar que está num local familiar, ajudando a que esteja mais à vontade.

Preste atenção àquilo que vou dizer a seguir.

Chegar mais cedo permite que brinque como o *anfitrião não oficial*, encontrar-se com a assistência conforme eles entram, falar com eles, entrar com o nome pessoal e criar uma ligação.

Isto aumenta a sua empatia na mente das pessoas com as quais se conecta.

Quando as pessoas gostam de si, elas confiam em si.

Quando confiam, ouvem.

O facto de estar a tomar o tempo para as conhecer irá aumentar significativamente a hipótese delas gostem de si, confiar em si e, quando realmente importa, ouvirem o que tem para dizer.

"Não consegue fazer um omelete sem partir ovos."

Provérbio

# 34. FEITO À MEDIDA

Incorpore a sua audiência e faça-os parte daquilo que diz.

Como um fato à medida, nada atrai mais do que uma mensagem específica.

Irá destacar-se e parecer no comando.

A sua mensagem irá criar eco com a assistência. Eles irão sentir-se conectados.

Procure sempre saber:

1.  Quem é a sua assistência?

2.  Qual é o contexto? Tem algum assunto importante?

3.  Porque está a falar?

4.  Qual é a expectativa de ir falar?

Lute constantemente para adaptar a sua mensagem em cada oportunidade que tiver.

**Exemplo A:** Pode tomar um ponto para agradecer à sua audiência, que viajou de bastante longe, para estar no lançamento internacional do seu produto ao dizer *"Como o Tony González que* *viajou todo o caminho desde o México para estar aqui connosco hoje na Malásia, eu quero agradecer a todos os que estão aqui hoje por tomarem o vosso tempo e esforço para estarem aqui. Irão adorar os benefícios e vantagem que o nosso produto irá levar a si e aos seus clientes."*

**Exemplo B:** Pode estar a representar o seu governo e a orar numa conferência de "energia verde" que revolve à volta de usar os cérebros da nossa juventude.

Ao chegar mais cedo, encontra-se com alguns dos participantes, um dos quais é um cavalheiro pelos seus trinta anos, que tem uma paixão genuína pelo tema. Ele partilha consigo algumas das ideias do que a sua equipa está a implementar.

Como parte dos tópicos que fizer num discurso bem pensado e escrito, você incorpora a sua conversa como um exemplo real de vida sobre a mensagem que quer fazer passar.

*"Eu acredito que temos quantidades de energia intocadas dos recursos naturais e, mais importante, do talento que está à nossa volta. Tome como exemplo Khalid, que partilhou comigo algumas ideias brilhantes que eles e a sua equipa têm estado a trabalhar no último ano. Estarei certamente a acompanhá-lo nessas ideias, mas digo-vos, oportunidades e talentos estão sempre à nossa volta. simplesmente temos de acordar e procurá-lo ativamente.*

Lembre: Todos apreciamos uma mensagem específica e adaptada a nós.

## 35.  LIDE COM O ELEFANTE

Se tem um elefante na sala, aponte para ele.

Crises e redundâncias? Afirme-o.

Enfrentando desafios? Afirme-o.

Erros cometidos? Afirme-o.

Um dia significativo na história? Afirme-o.

Quer seja mais em brincadeira ou sério, os problemas devem ser abordados.

Alguns anos atrás, eu estava num circuito de oratórias. Numa conferência nos Emirados Árabes Unidos, eu transmiti um discurso importante para um grupo. 15 minutos mais tarde, a primeira pergunta que tive não tinha nada a ver com a apresentação.

A jovem na parte de trás da sala apanhou o microfone e perguntou, "de onde vem o seu sotaque?".

Por causa da minha história pessoal e viagens constantes, as pessoas normalmente consideram que tenho um sotaque de *terra de ninguém*.

Pensei que fosse algo pequeno e insignificante. Mas não era.

Era um elefante que se tinha posto no caminho da minha mensagem. Uma lição que me fez lidar com isto ao início, antes de entregar o meu discurso.

Alguns elefantes são maiores que outros.

Coloque-se no lugar da sua assistência.

Compreenda o que eles poderão estar a pensar.

Têm perguntas? Dúvidas?

Não embeleze as coisas. Lide com isso à priori.

A empresa de Warren Buffet, Berkshire Hathaway (em que uma ação única custa mais do que $100,000) tende a começar o seu relatório anual ao referir aos investidores onde erraram bem como os desafios que enfrentaram. Só depois passam para os seus resultados.

Se o seu público sente que existe um problema que deve ser mencionado, cite-o.

Se não o fizer, está a perder tempo.

O seu público não o estará a ouvir.

Não podem.

Têm um elefante no caminho.

"Os intelectuais resolvem problemas. Os génios previnem que eles aconteçam.

Albert Einstein

## 36. A PRÁTICA ESTÁ SOBREVALORIZADA

Não, não está.

Assim que tiver estruturado a sua mensagem no fluxo, praticar é indispensável.

Muitos anos atrás, eu encontrei-me com Sir Anthony Hopkins em Sydney. A presença incrível desde homem nos papéis que interpretou não surgiu simplesmente no palco sem preparação. Ele iria ler a história centenas de vezes. Ele literalmente encarnou as personagens que estava a interpretar. Tal era a sua dedicação à arte da interpretação e oratória.

Agora, não estou a dizer que deve interpretar a sua personagem sempre (bem, na verdade, deveria, se tivesse tempo), mas compreenda que os melhores oradores treinam sem descanso.

Quanto mais prática tiver, o mais confortável, poderoso e confiante será.

Quanto mais prática tiver, mais à vontade terá na sua mensagem.

O seu foco pode então mudar para transmitir a mensagem com impacto.

Tudo o que partilhei consigo através do livro irá assegurar que pratica com facilidade.

As melhores figuras políticas e CEOs praticam muito e duro.

Eles encontram algum tempo entre a sua agenda para caber lá um pouco de treino. Eles fazem todo o dia, toda a noite, nas pausas de almoço, entre reuniões, passeando nas ruas, nas casas de banho, literalmente em todo o lado. Você pode mesmo ver-me a caminhar na cidade como um louco a falar para mim mesmo. É prática.

Olhe os comediantes, eles pensam em novo material e testam-no em bares locais. Eles têm a opinião do público ao ver o que passa, o que não, o que precisa de ser limado, o que precisa de sair.

Todas as hipóteses que tiver, pratique.

Pratique mentalmente, fisicamente, visualmente e vocalmente.

Não pode simplesmente ler o texto e chamar a isso prática.

Chama-se oratória pública. Tem de orar.

Quando se ouvir a falar, você pega naquilo que precisa de ser mudado, como o seu conteúdo flui, que adições e subtrações têm de ser feitas. É incrível como pode corrigir-se automaticamente ao ouvir e sentir-se a falar.

Se tiver o tempo para isso, chame alguns amigos. Talvez tenha um gato que terá de perdurar algum sofrimento. Se tudo falhar, vá para a opinião mais inegável e credível - o espelho na parede.

"Não tenha medo de falar para si mesmo. É a única forma que pode ter a certeza de que alguém está a ouvi-lo."

F.P. Jones.

## 37. DIA DO JULGAMENTO

Nunca julgue um livro pela sua capa.

E no entanto, todos o fazemos.

O seu público irá julgá-lo, quer goste ou não, independentemente de o merecer ou não.

É sua responsabilidade conquistar todos os pontos que conseguir.

Aqui tem alguns pontos fáceis que *deve* marcar.

Isto foi incluído porque, ainda até hoje, me causa impressão como o senso comum parece não ser assim tão comum quanto isso.

1.  Tenha uma Boa Aparência. Não deveria dizer isto, mas vou fazê-lo. Vista-se bem. Vista-se para a ocasião. Interprete o seu papel. Se em dúvida, seja mais formal do que o inverso.

2.  Cheire Bem. De novo, é senso comum, mas gostamos daqueles que cheiram bem. Tome um duche antes de ir falar. Precisa de estar limpo e fresco. Ter um mau odor corporal é desconfortável e distrai a sua audiência.

3.  Sinta-se Bem. De cabeça até aos pés, use apenas aquilo que lhe faz sentir confortável. Não coloque uma camisa de seda de $300 se é alérgico à seda. Não importa quando pagou ou quão bem fica nas fotografias. Você que ter boa aparência, não é como tirar pulgas do peito - *distrai*.

## 38.  ACABOU O TEMPO

A assistência aplaudiu - *porque eles queriam que saísse do palco.*

O seu público não vai gostar se saber que uma apresentação de vendas é 30 minutos para acabar a ser 90 minutos, ou que uma oratória pública será apenas 8 minutos e acaba em 27.

Mantenha-se a horas. Na verdade, *acabe* antes do tempo.

Ninguém se queixa quando acaba antes do tempo.

O seu público irá apreciar quando acaba à hora marcada ou antes.

O sentimento que deve aspirar a deixar no seu público é *"Quero mais"*.

Independentemente de estar a fazer uma venda de publicidade de *três minutos* num programa de televisão, a liderar uma reunião ou falando num palco, respeite o tempo.

Este é um critério inegociável para a sua imagem geral e resultados no final.

Deixe a sua audiência a querer mais.

"Seja sincero, breve, e reservado."

Franklin Roosevelt

## 39. VISUALIZE O SUCESSO

Visualize transmitir um grande discurso.

Visualize as interações.

Veja o público a bater palmas porque gostaram do que disse.

O público estava entusiasmado.

Eles compreenderam a sua mensagem clara e ficaram inspirados para passar à ação (dependendo do propósito da sua mensagem).

Visualize todo o processo de ter transmitido o seu discurso com impacto do início até ao fim.

Você Arrasou.

Repita esta visualização quantas vezes conseguir.

A sua mente não consegue distinguir o que é factual do que é ficção.

Quando for altura de passar para a ação, a sua mente inconsciente irá dizer, *"Hey, isto parece-me familiar. Já estive aqui antes. Eu sei exatamente o que fazer. Que o espectáculo comece."*

"Tem sempre três discursos para cada um que realmente deu. O que praticou, o que deu, e o que gostaria que tivesse dado."

Dale Carnegie

# 40. LEVANTE-SE. FALE!

*Os grandes como* Martin Luther King, Winston Churchill e John F. Kennedy capturaram o imaginário das suas assistências, as suas pessoas e a sua nação.

Eles entregavam a sua mensagem de tal forma, que eles mesmos e a sua mensagem eram memoráveis.

Você também pode fazer o mesmo, independentemente de quem seja, e em que posição está.

Eu falo neste 'Grandes' porque eles começaram todos de um lugar muito familiar com nós todos.

Martin Luther King (MLK) chegava e ligava-se à sua assistência não simplesmente por ler palavras. Ele dava *vida* a elas. Ele tocava nos corações e mentes das pessoas.

*Isto veio com prática. MLK recebeu um "C" na sua aula de oratória pública na universidade.*

Winston Churchill (WC) inspirou uma nação. No entanto, ao contrário do que se pensa, ele não era um orador dotado. Ele passava horas, dias e semanas sem fim a praticar e a refinar os seus discursos.

Se tem de saber, WC sofria de mãos suadas e lágrimas ao preparar os seus discursos. Ele também gaguejava.

John F Kennedy (JFK) trabalhou no duro para ser um homem que simbolize um excelente orador público. Isso veio com prática, treino e esforço.

JFK era uma homem cujas mãos e joelhos iriam *tremer* no início da sua carreira.

O ponto em comum nestes *Grandes Oradores* é que eles tiraram tempo para desenvolver e refinar as suas capacidades de oratória pública e transformaram isso ao estado de arte.

Você também pode fazer o mesmo.

Treino, esforço, foco, sabedoria, prática - *sempre*.

Este livro já lhe deu muito para começar.

Apenas pode melhorar, transmitir melhor e sentir-se melhor através das suas ações.

Deixe que a sua mensagem seja ouvida. Fale!

"Seja tão bom em algo que os outros sejam obrigados a reparar."

Steve Martin

# NUMA ESCALA DE 1 ATÉ 10

## COMO SE SENTE AGORA SOBRE
## AS SUAS CAPACIDADES DE FALAR EM PÚBLICO?

1   2   3   4   5   6   7   8   9   10

Não muito confiante                        Total
Confiança

# PODEMOS AJUDAR A SI E AO SEU GRUPO?

Projeção da Voz

Linguagem Corporal

Escrita de Discursos

Treino de Capacidades de A

Treino de Apresentação de

Habilidades de Palco

Treino para Mídia

Sombreamento

## OS TIPOS DE SERVIÇOS INCLUEM

Treino um-para-um em pessoa

Comunicação Executiva e Coaching de Liderança

Workshops privados para grupos

Gestão de Crises

Consultoria de Comunicação

**Pedidos de Reservas:**

Info@KevinAbdulrahman.com

"Desenvolver excelentes capacidades de comunicação

é absolutamente fundamental para uma liderança eficaz.


O líder dever ser capaz de partilhar sabedoria

e ideias e transmitir um sentido de urgência e entusiasmo aos outros.


Se um líder o não consegue fazer passar a sua mensagem claramente

sobre motivar os outros a agir com base nela, então ter

uma mensagem não importa."


Gilbert Amelio

www.ingramcontent.com/pod-product-compliance
Lightning Source LLC
Chambersburg PA
CBHW070909180526
45168CB00005B/1984